MARCEL PROUST
A DIX-SEPT ANS

Ce volume a été déposé au Ministère de l'Intérieur en 1926.

ROBERT DREYFUS

MARCEL PROUST A DIX-SEPT ANS

AVEC DES LETTRES INÉDITES DE

MARCEL PROUST

SIMON KRA, 6, RUE BLANCHE, PARIS

Il a été tiré de cet ouvrage

30 exemplaires sur Japon, numérotés de 1 à 30 ;
60 exemplaires sur Hollande, numérotés de 31 à 90 ;
910 exemplaires sur vélin, numérotés de 91 à 1.000.

EXEMPLAIRE N°

La plus ancienne lettre de Marcel Proust que je possède me fut adressée au mois d'août 1888, alors qu'il venait d'achever sa rhétorique au lycée Condorcet, où se continuait notre camaraderie des Champs-Elysées ; il avait dix-sept ans et j'en avais quinze.

Le lycée Condorcet ne fut jamais un bagne. Il ressemblait, en ce temps-là, à une sorte de cercle dont l'attrait était si subtil que certains élèves — Marcel Proust, par exemple, et mes autres amis — tâchaient souvent d'arriver en avance sur l'heure réglementaire : tant nous étions impatients de nous retrouver et de discourir sous les maigres ombrages des arbres ornant la cour du Havre, en attendant le roulement de tambour qui nous conseillait, plutôt qu'il ne nous imposait réellement d'entrer en classe. La discipline n'était pas cruelle, elle paraissait même un peu trop relâchée à nos familles. Mais ce qui inquiétait surtout les parents, c'était le voisinage du légendaire passage du Havre, considéré par eux comme l'antre des séductions funestes. Il me semble que leurs craintes étaient vraiment excessives : je ne me souviens même pas d'avoir fumé mes premières cigarettes dans ce passage, où je n'ai jamais su découvrir d'autres tentations qu'une papeterie très achalandée, dont nous eussions été désireux d'acquérir toutes les « fournitures de collège », et la boutique d'un confiseur qui vendait des caramels incomparables.

Pourtant les sévères principes des grands établissements universitaires de la rive gauche étaient opposés sans miséricorde aux aimables coutumes de Condorcet. — Louis-le-Grand, Saint-Louis, Charlemagne, Stanislas !... Là régnait une discipline de fer ; là se rassemblaient, disait-on, les grands professeurs, dédaigneux des avantages et commodités de la rive droite ; là se poursuivaient les fortes et sérieuses études. Dans la république des Humanités, nos rivaux prétendaient ne voir en nous que de mélodieux amateurs et Lacédémone, comme toujours, offensait Athènes. L'amitié de ma mère et de Mme Gidel, femme du célèbre proviseur de Louis-le-Grand, m'amenait parfois à pénétrer dans cette vaste forteresse intimidante du latin et du grec. A chaque visite, je me sentais saisi d'angoisse en voyant bondir dans les couloirs et les cours, à l'heure des récréations, ces puissantes cohortes d'internes qu'on disait appelées à nous écraser infailliblement au Concours Général, puis à l'entrée des Ecoles ; mais lorsque la visite était terminée, je n'ai jamais franchi le seuil de Louis-le-Grand sans mieux respirer à l'air frais de la liberté et je bénissais le privilège du destin qui n'avait songé à faire de moi qu'un frivole externe du charmant et léger lycée Condorcet.

Rentré à la maison, je n'en préparais pas moins de mon mieux, sans trop de découragement, mes devoirs du lendemain ; ou bien, protégé par la solitude du soir, j'agitais dans un journal intime les émotions déchaînées par mon amour sans espoir pour une radieuse jeune fille blonde qui pourrait maintenant me reprocher avec raison de n'avoir pas su l'immortaliser comme Gilberte Swann. Mais les tortures de la passion amoureuse la plus intense (n'est-ce pas à quinze ans qu'on apprend presque tous les secrets de l'art de souffrir par les femmes ?) ne me détournaient pas d'être en somme un « bon élève », judicieusement préoccupé du choix des bons maîtres. En cet été de 1888, mon grand souci scolaire fut de m'assurer des professeurs de rhétorique à mon goût, en vue de la rentrée d'octobre. Sous le bienveillant principat de M. Julien Girard, notre proviseur, l'administration du lycée consentait à tenir compte de nos préférences, et la classe de rhétorique avait tant de prestige qu'il eût paru sacrilège de s'y engager au hasard, sans mille précautions...

Je résolus, pendant les vacances, de consulter Marcel Proust.

*
* *

Lui-même, bachelier de rhétorique, s'apprêtait à entrer en philosophie, où il allait être un des disciples préférés de M. Darlu [1], qui fut un admirable formateur et animateur de jeunes esprits.

Les palmarès du temps sont amusants,

1. « M. Darlu, le grand philosophe dont la parole inspirée, plus sûre de durer qu'un écrit, a, en moi, comme en tant d'autres, engendré la pensée » (MARCEL PROUST, *les Plaisirs et les Jours*, 1896).

peut-être même intéressants à feuilleter. Cher Marcel ! déjà sa fragile santé l'obligeait à bien des absences prolongées au cours de l'année ; elle aurait suffi à compromettre la stabilité de ses études, son assiduité aux compositions trimestrielles, même s'il n'avait pas été un élève plein de fantaisie, un insaisissable apprenti de la méditation et du rêve, et si bien inspiré en somme par son ravissement à lire, à réfléchir, à sentir, plutôt que par l'ambition répandue de briller dans les distributions de prix. En philosophie, chez M. Darlu, le palmarès de 1889 ne lui attribuera qu'une nomination, une seule, mais la plus belle, le prix d'honneur de dissertation française, comme *nouveau* battant les *vétérans* de sa classe, studieux candidats à l'Ecole normale : on ne sera guère surpris qu'un Marcel Proust se soit essayé en se jouant aux exercices compliqués de la haute spéculation morale ou métaphysique. En rhétorique, le palmarès de 1888 enregistre un prix et deux accessits obtenus par lui : le premier prix des *nouveaux* en composition française, un accessit de latin, un autre de grec ; et maintenant que, — grâce à l'étrange, profond et frémissant chef-d'œuvre de sa maturité, — son génie littéraire a lui pour tout le monde, on n'est pas étonné non plus qu'en mathématiques, par exemple, il ait peut-être moins bien réussi que dans l'adroit maniement des vieilles langues classiques ou dans l'intimité des grands auteurs français. Pour être complet, je noterai enfin qu'en 1887 il avait eu le second prix d'histoire et géographie [1], un premier accessit de latin et même un deuxième accessit d' « excellence ». Ces témoignages variés paraissent établir (surtout si l'on considère les défaillances, heureu-

1. Cette année-là, son professeur fut M. Gazeau. Mais son goût très vif pour l'histoire avait été formé et développé par ses longues causeries avec le regretté M. Jalliffier, maître éminent auquel il conserva le plus fidèle attachement jusqu'à la fin de sa vie, survenue en 1912.

sement encore passagères à cette époque, de sa santé) qu'il n'est pas toujours nécessaire de commencer par être un cancre pour devenir un original et luxuriant écrivain.

En 1887-1888, Marcel Proust fit sa rhétorique dans la division de MM. Gaucher et Cucheval, qui se partageaient l'enseignement des littératures. Ainsi, pendant près d'une année, il avait eu cette chance de vivre dans la familiarité du maître le plus vif et le plus indulgent de Condorcet, le spirituel Maxime Gaucher, critique littéraire de la *Revue Bleue,* dont la bonhomie malicieuse enchantait ses jeunes auditeurs et qui, homme de goût, les dirigeait avec sûreté. Pendant toute mon année de seconde, je m'étais promis d'intriguer en temps opportun pour tâcher d'être à mon tour accueilli par ce délicieux professeur. Hélas ! M. Gaucher mourut le 24 juillet... Sa disparition, la mise à la retraite de son collègue M. Talbot présageaient un « mouvement universitaire » et le remaniement des trois divisions de rhétorique du lycée. Bientôt, on annonça qu'une des chaires vacantes allait être confiée à un jeune maître, M. Dauphiné, dont le nom était une nouveauté pour nous. Or, j'avais appris que Marcel Proust connaissait déjà M. Dauphiné et le tenait en grande estime. Du village de l'Oise où je passais mes vacances, j'écrivis à Marcel pour lui demander de loin des renseignements, un conseil, peut-être son appui...

Et je reçus aussitôt sa longue réponse, — tracée d'une écriture fine et ferme, — la plus ancienne lettre de lui que j'aie conservée et dont j'effleure aujourd'hui les feuillets avec une émotion forte et douce, tandis que ma main tremble à recopier cette magistrale « analyse » d'un psychologue de dix-sept ans :

[*Août 1888*][1]
Mardi.

« Mon cher ami,

« Le monsieur en question est un petit homme maigre, sec et cérémonieux. Extrêmement intelligent et instruit. Un esprit d'une agilité et d'une acuité merveilleuses. Presque subtil à force de finesse. Enseignement très *distingué*, très nourri, très *vif*. Esprit sévère, vertueux. Beaucoup plus intelligent et surtout plus intellectuel qu'artiste. Il admire cependant Leconte de Lisle. Mais le trouve bien « bizarre » ! Je le vois d'ici, tout mouvement, tout flamme, — ses petits yeux « vivants », — prenant un air de vivisecteur-psycholo-

1. Marcel Proust ne datait jamais ses lettres. Les dates que j'indique sont des dates reconstituées, tantôt grâce au contenu de la lettre, tantôt grâce à une note crayonnée par moi à l'origine ou aux enveloppes timbrées par la poste, lorsque le timbre en est par hasard à peu près lisible.

gue — « ce goût de l'étrange, de l'exotique ! » — Mais en somme une discipline d'esprit très ferme et très souple, un cours remarquable, plein de choses et d'idées, le guide le plus sûr et le plus intelligemment cultivé pour cette année de voyage circulaire d'Homère à Chénier en passant par Pétrone. Un peu trop « élevé » et « sérieux », trop classe, trop revue, mais n'est-ce pas ça ne te fera que du bien, et c'est sans discussion possible, maintenant que notre pauvre Gaucher est mort, *de beaucoup le meilleur* professeur de rhétorique. Je lui avais — sans savoir que tu l'aurais — parlé de toi, il y a un an. Je recommencerai dans les mêmes termes. Je n'oserais pas te les répéter, parce que je trouve ça presque de l'impudeur et « physiquement » désagréable de dire ça à bout portant, mais je t'assure qu'il sera prêt à admirer. — Cucheval n'est pas comme lui poli, froid, étriqué, mais grossier avec véhémence et ampleur. Un farouche *maître d'école*, fruste, rude, — mais en somme je t'assure que c'est fort agréable. Ce Brunetière, très vert, si « direct », ne manque pas de saveur. C'est assez amusant de se laisser conduire par deux esprits si différents. Quand même tu serais très cuchevalisé, ça ne te ferait pas de mal. Ne te dis pas que c'est un imbécile, parce qu'il fait de l'esprit idiot et que ce sauvage n'est nullement affecté par d'exquises combinaisons de syllabes ou de contours. Dans tout le reste il est *excellent* et repose des imbéciles qui arrondissent leurs phrases. Il ne peut pas, ne sait pas en faire. C'est un pur délice. Il est l'idéal du bon professeur et n'est pas ennuyeux du tout.

» M. Dupré est un homme infiniment plus aimable, plus gentil. C'est une âme très affectueuse et délicate dont j'ai pu apprécier [1] le charme dans un corps de

1. Pendant la maladie de M. Gaucher, son collègue de rhétorique, M. Dupré, l'avait suppléé jusqu'à la fin de l'année scolaire.

vieux grognard. Mais il est ennuyeux. Il est vrai qu'il connaît Dierx et Leconte de Lisle (les œuvres). Mais à quoi ça te servira-t-il de t'entendre parler d'auteurs modernes par un homme qui ne les aimera qu'avec trop de réserves ? Ça t'embêtera et même ça te fera taper du pied et grincer des dents. Vous discuterez à perte de vue, car c'est un très brave homme et pas raide du tout. Eh bien après ? Il en sortira un peu modernisé. Et toi ?

» En somme Dauphiné c'est un cours, Cucheval une classe, Dupré souvent une conversation. Mais le cours est très remarquable, la classe très bonne, et la conversation ennuyeuse.

» Veux-tu être gentil — comme tu l'es souvent — pour me laisser te dire encore un peu quelques petites choses qui me soulageront. Voilà pourquoi. Je te prie de ne point te moquer de moi, car je n'ai nullement la prétention de me comparer à toi [1]. Je t'apprécie trop bien pour cela, et M. Jalliffier peut te dire que ce ne sont pas des « phrases ». Mais ce que nous avons de commun avec quelques autres, c'est que nous connaissons un peu la littérature d'aujourd'hui et que nous l'aimons, que nous avons d'autres façons d'entendre l'Art, et que nous jugeons les traductions des écrivains ou des artistes d'après des règles assez différentes. Hé bien, je t'en prie — pour toi — ne fais pas ce que j'ai fait, ne fais pas de l'apostolat auprès des professeurs. Je l'ai pu faire, grâce à un esprit infiniment libre et charmant, Gaucher. J'ai fait des devoirs qui n'en avaient pas du tout l'air. La conséquence, ça a été qu'au bout de deux mois une douzaine d'imbéciles écrivaient en style décadent, que Cucheval m'a considéré comme un empoisonneur, que j'ai mis la guerre dans

1. Ton habituel à Marcel Proust vers cette époque : c'est ce ton trop « gentil », on le verra plus loin, qui agaçait quelquefois et ahurissait toujours ses meilleurs amis.

la classe, que je me suis fait passer auprès de quelques-uns pour un poseur. Heureusement, au bout de deux mois, c'était fini, mais il y a un mois encore Cucheval disait : « Lui sera reçu parce que ce n'était qu'un fumiste, mais il en fera refuser quinze. » On voudra te guérir. Tes camarades te prendront pour un fou ou pour un imbécile. Pendant plusieurs mois j'ai lu en classe tous mes devoirs français, on me huait et on m'applaudissait. Sans Gaucher j'aurais été écharpé [1]. — Maintenant, puisque tu veux bien m'écrire, voici, à vrai

1. M. Gaucher protégeait le talent naissant de Marcel Proust même contre des inspecteurs généraux de l'Université. M. Eugène Manuel vint un jour inspecter la classe. Marcel Proust fut invité à lire à haute voix son dernier devoir français. M. Manuel, indigné, écouta cette lecture, puis, se tournant vers le professeur : « Vous n'auriez point, lui dit-il, parmi les derniers de votre classe, un élève écrivant plus clairement et correctement en français ? » Mais Maxime Gaucher n'était point d'humeur à s'incliner devant les arrêts de ce haut fonctionnaire, le très médiocre poète des *Ouvriers*, candidat perpétuel à l'Académie française ; il lança cette mordante réplique : « Monsieur l'inspecteur général, aucun de mes élèves n'écrit un français de manuel... »

dire, le sujet qui m'intéressera le plus. D'abord ce que tu fais. Puis détaille-moi la « sympathique personnalité qui se dissimule mal sous les initiales D. H. »[1]. Intellectuellement je crois le savoir, et M. Jalliffier, qui m'en a causé[2] pendant plus d'une heure, m'a confirmé dans ce que je pensais, mais enfin que veut-il ? Pourquoi, après avoir été en somme très gentil pour moi, me lâche-t-il *entièrement*,

1. Daniel Halévy.

2. Le bachelier Marcel Proust eut assurément grand tort d'écrire ici « qui m'en a causé », au lieu de « qui en a causé avec moi ». Si je souligne son erreur sans me permettre de la corriger, — erreur que M. Eugène Manuel lui eût reprochée avec raison, — c'est par crainte qu'un tel exemple ne risque de faire autorité. Mais Marcel Proust lui-même a expressément condamné cette horrible faute dans *A l'ombre des jeunes filles en fleurs*, à la page où nous apprenons que l'élégant Octave possédait la science de s'habiller « avec une infaillibilité orgueilleuse qui atteignait à la silencieuse modestie du savant, mais ne se doutait pas du cas où on peut ou non employer tel ou tel mot, même des règles les plus simples du français ». Marcel Proust ajoute : « Cette disparité entre les deux cultures devait être la même chez son père, président du Syndicat des propriétaires de Balbec, car, dans une lettre ouverte aux électeurs, qu'il venait de faire afficher sur tous les murs, il disait : « J'ai voulu voir le maire pour lui en causer, il n'a pas voulu écouter mes justes griefs ».

et en me le faisant très clairement sentir, et puis après un mois me vient-il dire bonjour, quand il ne m'adressait plus la parole. Et son cousin Bizet[1] ? Pourquoi me dit-il qu'il a de l'amitié pour moi, me lâche-t-il encore plus ?

» Qu'est-ce qu'ils me veulent ? Se débarrasser de moi, m'embêter, me mystifier, ou quoi ?

» Je les trouvais si gentils !

» Bien entendu je te dis tout cela très secrètement, bien entendu, en ami. N'en dis rien. Mais toi leur ami, tu dois le savoir.

» Et le mien, tu dois me le dire, car quand on ne sait pas à quoi s'en tenir, on risque d'être trop froid ou collant.

» Oh ! collant, ça a toujours été mon

1. Le bon et charmant Jacques Bizet n'avait certainement jamais songé à « lâcher » Marcel Proust, auquel il fut uni, toute sa vie, par une très fidèle amitié. Jacques Bizet si doué, si joyeux, si aimé, qui semblait promis à la vie la plus belle !... Le cruel mois de novembre 1922 l'a emporté, lui aussi, peu de jours avant Marcel Proust.

cauchemar de l'être. Je crois que je l'ai été dans cette circonstance. Dis-le-moi, n'est-ce pas ? tu seras très gentil.

» Crois à ma sincère amitié.

» Marcel Proust.
» 96, rue La Fontaine, Auteuil.

» *P.-S.* — Les articles de Desjardins sont très intéressants [1].

» Ce qu'il voudrait réaliser est, il me semble, la plus belle chose qu'on puisse faire. Mais (surtout à cause de circonstances récentes) la réalisation m'en semble — jusqu'à présent au moins — bien incomplète et hâtive.

» Pardon de mon écriture, de mon style, de mon orthographe. Je n'ose pas relire ! Quand j'écris au galop. Je sais bien qu'il ne faudrait pas écrire au galop.

1. Les articles de M. Paul Desjardins dans la *Revue Bleue* nous plaisaient par leur forme achevée, nous intéressaient par leur « moralisme ».

Mais j'ai tant à dire. Ça se presse comme des flots. »

*
* *

Je les trouvais si gentils !

Murmure anxieux, discret appel à mon activité de médiateur, cette petite phrase, — évocatrice comme la « petite phrase » de la sonate de Vinteuil qui remuait les images enfouies dans le passé de Swann, — résonne soudain et ranime devant moi, mieux qu'un effort direct de mémoire, notre groupe intime de lycéens : Daniel Halévy, Jacques Bizet, Henri Rabaud, Jacques Baignères et moi (Robert de Flers, Louis de la Salle, Marcel Boulenger s'y mêlaient aussi ; Fernand Gregh allait entrer à Condorcet, se joindre à nous l'année suivante), et, à très légère distance de ses jeunes juges bienveillants mais ironiques, le Marcel Proust affable et inquiet de 1888...

Quand nous bavardions entre nous sur l'énigme attirante de sa nature, le *thème de la gentillesse* nous était familier au point de nous agacer même un peu, comme un thème musical assurément très expressif, mais aussi par trop connu et non dépourvu de banalité. A propos de cette petite phrase insinuante qui le rappelle (« je les trouvais si gentils »), nous aurions très bien pu dire, nous aussi, — en transposant à peine le célèbre passage de *Swann* sur la « petite phrase » de Vinteuil, — que « son sort était lié à l'avenir, à la réalité de l'âme de Marcel, dont elle était un des ornements les plus particuliers, les plus différenciés ». Quoi de plus différencié, en effet, que cette « gentillesse » raffinée, infatigable, mais que nous trouvions parfois un peu fatigante, de Marcel ? Elle était alors parmi nous, — bien moins « gentils » qu'il ne l'avait espéré, — sa parure et sa faiblesse. Marcel Proust, si proche de nous, était pourtant d'une autre essence que nous ; cela suffisait à allumer notre défiance, nos injustes sévérités. Nous ne pouvions pas croire toujours à tant de délicatesse ; nos doutes concluaient à de l'affectation ! Nous n'avions pas encore senti que ces mots dont il abusait à notre gré — « gentillesse », « tendresse » — traduisaient très sincèrement et dans un langage timide, atténué, comme nous l'avons compris plus tard, son profond besoin de sympathie humaine, ses élans de noble et intelligente bonté. Une nuance de « snobisme » mondain, qui commençait à transparaître, achevait de nous déconcerter. Pouvions-nous deviner, à cet âge, qu'il fut indispensable au futur magicien de *Guermantes* de pénétrer si tôt dans la foire aux vanités, de s'y promener longuement, patiemment, et même de s'y plaire ? Notre amitié s'en alarmait, s'en irritait, s'attardait à de futiles moqueries sur sa complaisance envers les gens titrés, redoutait qu'une recherche trop exclusive des succès de salons ne risquât d'affadir ou de stériliser le subtil talent inné que nous étions unanimes à lui reconnaître. En somme, nous lui faisions tort par nos pronostics erronés sur son avenir, car nous ignorions qu'il avait du génie, et, dans le présent, nos brusqueries ne ménageaient pas toujours assez sa fiévreuse sensibilité.

Bien entendu, « la sympathique personnalité qui se dissimule mal sous les initiales D. H. », c'est-à-dire Daniel Halévy, ne sait plus du tout pourquoi son caprice avait innocemment brimé et affligé Marcel Proust. Moi non plus. Dans ma réponse à la question posée, il est vraisemblable que je dus interpréter l'« incident » par le contraste de leurs caractères : la « gentillesse » de Marcel Proust, propre à étonner un Daniel Halévy plus froid, plus fermé, sur la défensive, mais qui, après son accès d'humeur et d'impatience, s'était visiblement rapproché de lui sans la moindre arrière-pensée. Or, Marcel, lucide et susceptible, loin d'être apaisé par mon imprudent commentaire, insiste aussitôt pour mieux connaître le sens profond du désaccord, comme « les diplomates ou ces jeunes gens brouillés » dont parlera l'auteur des *Jeunes Filles en Fleurs*, « qui mettent une bonne volonté inlassable et vaine à obtenir des éclaircissements que l'adversaire est décidé à ne pas donner » ; il feint de prendre un ton détaché et se fait d'autant plus pressant pour m'interroger :

[*7 septembre 1888*].

E « (Chiffre de Joyant [1], chez qui je suis à l'Isle-Adam, mais écris-moi à Auteuil où je reviens ce soir).

1. Le papier à lettres est chiffré à l'initiale du prénom de son ami M. Édouard Joyant qui venait d'être son camarade de rhétorique.

Le commentaire relatif à ce chiffre et à l'imminence du retour à Auteuil surmonte les mots « mon cher ami ». Lorsque Marcel Proust tenait à appeler l'attention de son

« Mon cher ami,

» As-tu voulu poliment me dire qu'Halévy me trouvait brac et toc ? Je te dirai que je n'ai pas très bien compris.

» Je ne crois pas qu'un type est un caractère. Je *crois* que ce que nous croyons deviner d'un caractère n'est qu'un effet des associations d'idées. Je m'explique, tout en te déclarant que ma théorie est peut-être fausse, étant entièrement personnelle.

» Ainsi je suppose que dans la vie, ou dans une œuvre littéraire, tu vois un Monsieur qui pleure sur le malheur d'un autre. Comme chaque fois que tu as vu un être éprouver de la pitié, c'était un être bon, doux et sensible, tu en déduiras que ce Monsieur est sensible, doux et bon. Car

correspondant sur un détail particulièrement important suivant lui, il prenait souvent la précaution de placer ce détail en haut de la première page de sa lettre.

nous ne construisons dans notre esprit un caractère que d'après quelques lignes, par nous vues, qui en supposent d'autres. Mais cette construction est très hypothétique. *Quare* si Alceste fuit les hommes, Coquelin prétend que c'est par mauvaise humeur ridicule, Worms par noble mépris des viles passions. *Item* dans la vie. Ainsi Halévy me lâche, en s'arrangeant à ce que je sache que c'est bien exprès, puis après un mois vient me dire bonjour. Or, parmi les différents Messieurs dont je me compose, le Monsieur romanesque, dont j'écoute peu la voix, me dit : « C'est pour te taquiner, se divertir, et t'éprouver, puis il en a eu le regret, désirant ne pas te quitter tout à fait ». Et ce Monsieur me représente Halévy à mon égard comme un ami fantaisiste et désireux de me connaître.

» Mais le Monsieur défiant, que je préfère, me déclare que c'est beaucoup plus simple, que j'insupporte Halévy, que mon ardeur — à lui, sage — semble d'abord ridicule, puis bientôt assommante — qu'il a voulu me faire sentir ça, que j'étais collant et se débarrasser. Et quand il a vu que définitivement je ne l'embêterais plus de ma présence, il m'a parlé. Ce Monsieur ne sait pas si ce petit acte a pour cause la pitié, ou l'indifférence, ou la modération, mais il sait bien qu'il n'a aucune importance et s'en inquiète peu. Du reste, il ne s'en inquiète que comme problème psychologique.

» Mais il y a la question de la lettre : est-ce x — est-ce y ? Tout est là. Si c'est x (ensemble des phénomènes d'amitié), la brouille n'a l'importance que d'un caprice, d'une épreuve, ou d'un dépit et tout est dans la réconciliation.

» Si c'est y — antipathie — la réconciliation n'est rien, la brouille est tout.

» Oh ! pardon ! pour t'exposer ma théorie, j'ai pris tout une lettre et Joyant m'appelle. A une autre fois ma lettre.

Mais sur cette question tu peux assurer mes investigations psychologiques. Car tu sais bien si Halévy t'a dit (et je ne lui en voudrais pas) : ce Proust, quel assommoir !

» Ou ce Proust est plutôt gentil.

» Il est vrai qu'il y a la 3me solution, la plus probable :

» Qu'il ne t'en a pas parlé du tout.

» Je ne suis qu'un corps neutre.

» Éclaircis-moi ce petit problème. Je te répondrai sur ce que tu voudras.

» 3 pardons :

» 1° De ne pas t'avoir répondu plus tôt : mais ma mère partait et mon frère. Puis départ chez Joyant.

» 2° Si mal écrit et galopé à tous les points de vue : Joyant m'attend.

» 3° T'avoir embêté avec cela .... Ça m'intéresse !...

» Bien à toi.

« Marcel Proust. »

Pour me dégager du fleuret enveloppant de Marcel, j'imagine que je dus rompre, puis riposter par des attaques un peu pointues sur le terrain des « investigations psychologiques » où j'étais invité à le suivre. Cela me valut sur-le-champ une nouvelle lettre qui, dès ses premières lignes, me paraît aussi jolie qu'au jour lointain où je l'ai reçue, dans son maniérisme très 1888 et influencé par les écrivains à succès du moment (Paul Bourget, Jules Lemaître...), mais si révélateur aussi du tempérament personnel de leur jeune admirateur Marcel Proust :

[*10 septembre 1888*].

« Mon cher ami,

» Il fait si beau aujourd'hui que j'ai des velléités de grand seigneur. Je voudrais me donner la comédie. Pour moi, c'est recevoir ou voir beaucoup de camarades, sortir de moi-même, être tranquille, ou passionné, ou extravagant, ou obscène, suivant mon envie, les dispositions mêmes de mon corps, et me donner le spectacle non seulement de la bêtise de beaucoup, mais de l'originalité, ou seulement du caractère de quelques-uns. J'aimerais dire à X ou Y que je suis décadent. Ne pouvant me donner ce plaisir royal aujourd'hui, je veux me compenser cela en allant en voiture aux Acacias. C'est, à mon goût, la fleur de l'esthétique parisienne en 1888. Je l'analyserais volontiers, si j'étais journaliste, ce qui m'amuserait beaucoup, tant que j'ai voulu faire un journal au lycée. Elle s'épanouit sur des épaules vraiment blanches et douces, en caprices d'étoffes vraiment exquises. Telle grande courtisane dont l'évasure de la nuque a précisément la rondeur charmante de ces amphores où les Étrusques patients mirent tout leur idéal, tout leur rêve consolant de grâce, dont le coin de la lèvre est le même que dans ces vierges naïves de Luini (Bernardino) ou de Botticelli, que je préfère de beaucoup à celles de Raphaël — patatras, où en suis-je ? — attends que je relise, ah ! oui, telle courtisane, « dis-je », enferme dans les plis savamment ondulés de sa robe violette plus de charme que beaucoup de « salons » ; surtout c'est plus moderne et très sincère. J'entends qu'elles expriment naturellement, sans esprit d'imitation (comme on fait involontairement en peinture, ou en poésie), sans préférence d'idéalisme ou de brutalité, ce qui leur semble le comble du joli, de l'élégant, avec des matières tout à fait rares et précieuses, des étoffes d'un rose plus adorable que celui du ciel à six heures, des crépons bleus — qui ont des profondeurs d'eau tranquille. Je crains d'être un peu Georges Ohnet en cela. Ce qui me console, c'est que j'y aime autre chose que Georges Ohnet et que la changeante réalité est par elle-même peu significative.

» Un autre plaisir serait de dire du mal de nos amis. Jouant la comédie, étant autre que moi, j'en puis médire, sans crime. De moi aussi. Je ferais même volontiers mon portrait, un petit coin de mon portrait : « Connaissez-vous X, ma chère, c'est-à-dire M. P. ? Je vous avouerai pour moi qu'il me déplaît un peu, avec ses grands élans perpétuels, son air affairé, ses grandes passions et ses adjectifs. Surtout, il me paraît très fou ou très faux. Jugez-en... »

*
* *

... Et le jeu littéraire se poursuit : dialogue supposé entre deux « courtisanes », suivant le terme un peu désuet depuis Balzac, mais que M. Paul Bourget venait justement de remettre à la mode. Elles trompent l'ennui quotidien de leur promenade à l'avenue des Acacias en potinant ferme sur le « gentil » Marcel Proust qu'on leur a présenté dernièrement. Ces deux « courtisanes », moi aussi, je crois les reconnaître ; elles ont comme un air de parenté entre elles parce qu'elles évoquent un autre visage encore mieux connu [1]. L'une d'elles ne serait-elle pas cette Gladys Harvey si racée, qui « va au Bois avec des chevaux à elle » et dont M. Paul Bourget vient de tracer le « pastel » d'après les indications de son ami Claude Larcher, qui, lui, la connaît à fond : « Il semble qu'il y ait de la courtisane du XVIIIe siècle dans Gladys, et pas trop de la fille férocement calculatrice de notre âge positiviste et brutal. » Et l'autre, qui écoute en silence et accompagne Gladys Harvey

1. Le visage de la future Mme Swann. On lit dans la lettre de Marcel Proust à M. Jacques de Lacretelle (*Hommage de la Nouvelle Revue Française*, p. 202) : « Un instant quand elle se promène près du tir aux Pigeons, j'ai pensé pour Mme Swann à une cocotte admirablement belle de ce temps-là, qui s'appelait Closmesnil. Je vous montrerai des photographies d'elle. Mais ce n'est qu'à cette minute-là que Mme Swann lui ressemble ». En effet, Mme Swann ressemble bien plus souvent et davantage, semble-t-il, à Gladys Harvey.

comme une ombre, mais c'est Odette de Crécy, qui n'a pas encore épousé Charles Swann !

La « courtisane », — être neuf qui apparaît, à ce moment précis, dans la vie de Marcel Proust et l'accapare. Au lycée nous savons cela et nous lisons (non sans quelque jalousie de collégiens peut-être) le portrait de Claude Larcher :

Gladys est grande. Ses bras nus, — elle portait sur le droit et tout près de l'épaule un nœud de velours noir, — sont d'un admirable modelé. Sa taille est fine sans être trop mince, son corsage laisse deviner un buste de jeune fille, quoiqu'elle soit toute voisine de sa trentième année ; comme à la manière dont sa robe tombe, sans tournure, on reconnaît la femme souple et agile, la joueuse de *tennis* qu'elle est restée, célèbre parmi les paumiers. Ses rivales les plus jalouses lui accordent une élégance accomplie dans l'art de porter la toilette. Ses mains souples et menues révèlent son origine créole... Cette origine créole est aussi reconnaissable à toutes sortes de traits d'une grâce très personnelle. La bouche est un peu forte. Les yeux noirs, aussitôt qu'ils s'animent, s'ouvrent un peu trop : « Ils sont fendus en amande », dit Gladys en riant, « mais c'est dans l'autre sens !... » L'expression de ces yeux, tour à tour étonnés et tristes, futés et romanesques, la palpitation rapide des narines, le frémissement du sourire, donnent à ce visage une mobilité de physionomie qui découvre la femme de fantaisie et de passion [1].

« Sans « tournure », en 1888 !... Cette Gladys Harvey qui simplifie la ligne de ses robes et devance ainsi la mode du XXe siècle, c'est une novatrice, une sportive, mais aussi une intellectuelle : elle a un « salon », mitoyen de l'alcôve. Comme nous rions à Condorcet (toujours avec un peu d'envie, je le crains) en apprenant que Gladys Harvey raffole à présent de Marcel Proust, le traîne partout à sa suite, qu'il fréquente chez elle où il est ravi de rencontrer des ducs, des gens de lettres, de futurs académiciens ! Pour définir Marcel à sa guise, cette singulière « courtisane », teintée de

2. Paul BOURGET, *Pastels* ; ce « pastel » de Gladys Harvey porte la date de février 1888.

préciosité, a choisi pour lui ce surnom : elle l'appelle, nous a-t-on raconté, *mon petit Saxe psychologique*. Cela nous paraissait si comique, mais ce n'était pas si mal trouvé...

Le chimérique portrait soufflé à l'intelligente courtisane, Marcel, dans sa lettre, me recommande naturellement de le garder pour moi seul, hésitant même à me permettre de le montrer à Daniel Halévy, qui l'avait cependant inspiré par sa bourrade, moins encore à son frère Élie Halévy, un peu plus âgé et bien moins agité que nous, qui allait entrer brillamment à l'École Normale et dont Marcel intimidé redoutait le sévère jugement ! Cette inquiète pudeur peut faire sourire par son air de puérilité et pourtant, même après tant d'années, je me sens mystérieusement tenu de ne pas enfreindre le secret exigé par Marcel, qui ne peut plus, hélas ! m'en délier. Les adolescents précoces, tels que lui, sont ainsi faits : ils veulent bien « tout dire » à un ami de leur choix, ils ne peuvent même pas résister au plaisir si troublant de la confession audacieuse ; mais à peine ont-ils parlé à autrui comme s'ils se parlaient à eux-mêmes, — ainsi que l'exige ce sentiment de l'amitié dont ils n'approcheront sans doute jamais plus à ce degré en aucun autre âge de la vie, — les voici qui tremblent, hantés par la crainte des railleries auxquelles cet indiscret ami va peut-être les exposer. Marcel Proust, en cela, ne péchait même pas par excès de défiance. C'est le temps (je m'en souviens si bien) où, s'étant une fois égaré dans une brasserie de filles du Quartier Latin, il soupira en confiant à l'un de nous le récit de son expédition : « J'ai senti que j'avais laissé là *une partie de mon être moral !* » Cette parole, aussitôt colportée, nous parut à tous d'un ridicule achevé. Pourtant, elle traduisait assurément avec une force judicieuse la gêne qui s'empare toujours d'un honnête garçon pénétrant dans un mauvais lieu.

Marcel, qui n'ignorait pas nos dispositions irrévérencieuses à son égard, n'avait pas tort d'appréhender nos commérages, même bienveillants...

Il termine sa lettre avec gaîté, en s'amusant à mes dépens :

« ... Si c'est un portrait, il est peu flatté et me flatterait moins que le portrait que je me fais de toi — d'après toi — drapé dans ton mépris du vulgaire et lui donnant le spectacle d'un Dreyfus imaginaire, très ironique.

» Bien entendu, si tu montres cette lettre au nommé D. H., c'est avec défense préalable et formelle d'en dire mot à personne, même et surtout son frère. Je suppose que D. H., s'il voit ce portrait, dira de moi comme avant : « C'est trop sincère, pour l'être ». Il aura bien raison.

» Car je suis très persuadé (c'est une des seules choses dont je sois persuadé) qu'il est certaines choses qu'il serait odieux de dire de soi, à moins que ce ne soit par fumisterie transcendantale. Encore est-ce de mauvais goût. Aussi aimerais-je mieux peut-être tout de même que tu ne montres pas ça à H.

» A toi.

« MARCEL P. »

Autant les premières pages de cette lettre m'avaient charmé en m'offrant le plaisir de posséder un « autographe » de Marcel Proust où se reflétait tout ce qui me paraissait si précieux, si rare, dans le chatoiement de sa prose irisée et de son imagination flexible, autant je me sentis brusquement décontenancé par sa fine caricature de mon propre personnage : elle était assez piquante, je me sentis très piqué. On manque d'équité à quinze ans : je ne m'avouais pas sans dépit qu'en trois lignes, avec sa maîtrise nonchalante, Marcel Proust venait de se consoler des misérables traits qu'avaient dû tenter de lui décocher mes précédentes lettres ; je me vis perdu de ridicule et je bondis sous l'outrage, — aveuglé par la colère au point de commettre des contre-sens et de tout avaler de travers ! Mais lui, beau joueur, détourne aussitôt par d'affectueuses protestations ce nouveau petit « incident » qui menaçait de naître :

[25 *septembre 1888*].
Isle-Adam.

« MON CHER DREYFUS,

» Un séjour à Chantilly,

» Un séjour à l'Isle-Adam,

» Une passion platonique pour une courtisane célèbre [1] qui s'est terminée par un échange de photos et de lettres,

» Une intrigue très peu compliquée [2] qui s'est terminée très platement par la fin

1. Closmesnil ? — Voir la note précédente sur les « clefs » de Mme Swann.

2. Il s'agissait d'une jolie Viennoise qu'il avait connue au cours de danse.

obligée et qui a donné naissance à une liaison absorbante et qui menace de durer un an au moins, au plus grand profit des cafés-concerts et lieux du même genre où l'on mène ce genre de personnes, — tout cela m'a empêché de recommencer ma réponse à ta dernière lettre, réponse que j'ai perdue et que je ne referai pas, que je te ferai verbalement, car c'est trop délicat, qui contient en particulier ceci, c'est que mon « odieux » et ma « fumisterie transcendantale » de ma dernière lettre s'appliquaient à mon portrait par moi qui était ignoble et non au tien par toi qui était charmant et pas « odieux » le moins du monde. Il y a eu malentendu, et j'ai été très peiné du ton fâché que tu as pris. Sache que je t'ai toujours parlé avec *la franchise la plus scrupuleuse*, que si j'avais à te faire un reproche je ne te le déguiserais *nullement* et que, si mes actes et mes paroles se contredisent quelquefois (je ne m'explique pas, des convenances qui sont presque des devoirs, dirait Labiche, m'y obligent), ce sont mes paroles qu'il faut croire. Mes paroles sont vraies, je t'en donne ma parole d'honneur et te serre affectueusement la main. Tes lettres qui me font grand plaisir me manquent. Écris-moi tout de suite

» chez Mme Duchauffour
» à l'Isle-Adam
» (Seine-et-Oise).

» A la rentrée, mon cher ami. Je te souhaite une très brillante rhétorique et des amis sincères et de belles maîtresses.

» MARCEL PROUST. »

Imperatoria brevitas !

Cette fois, Marcel paraît pressé d'en finir, comme si nos « incidents diplomatiques » venaient, tout à coup, de lui paraître bien enfantins et fort négligeables auprès des importantes intrigues et passions qui l'absorbent. Ce ton cavalier, presque donjuanesque, ce chuchotement d'allusions à des succès flatteurs, à des contradictions mystérieuses, je me souviens encore combien tout cela me sembla bizarre, énigmatique ; je n'y comprenais rien. Et cependant, c'était limpide...

Cette lettre préparait, annonçait la métamorphose à la veille de s'accomplir.

* * *

Marcel Proust, qui n'est plus l'enfant sage des Champs-Élysées et dont les beaux yeux langoureux ont plu à des « courtisanes », a besoin de se dégager vite des gamins trop jeunes et encombrants qui le taquinent au lycée. D'autres devoirs l'appellent. A la rentrée d'octobre, sa douceur va s'orienter avec beaucoup plus de plaisir « du côté des premiers salons » de sa carrière.

Certes, il ne cessera point pour cela d'être l'ami des fils, mais il préfère décidément la conversation des mères. Le nom de Mme Émile Straus [1], mère de notre ami Jacques Bizet, les noms de Mmes Arthur et Henri Baignères, mères de nos amis Baignères, sont inséparables des débuts de Marcel Proust dans le monde : il les étonne, il les enchante, il les amuse ; ses véritables affinités vont se délier à l'ombre de ces protectrices infiniment séduisantes, spirituelles, brillantes ; leur accueil lui ouvre l'accès d'autres maisons élégantes de Paris et lui donne ses facilités pour s'élancer (j'allais écrire : pour se lancer) dans toutes les régions du microcosme dont il brûle

1. « Mme Straus, fille et veuve des célèbres musiciens Halévy et Bizet, femme d'Émile Straus, avocat à la cour des Aides, et de qui les admirables répliques sont dans la mémoire de tous. Sa figure était restée charmante et aurait suffi sans son esprit à attirer tous ceux qui se pressaient autour d'elle... On ferait un volume si l'on rapportait tout ce qui a été dit par elle et qui vaut de n'être pas oublié. » (Marcel Proust, *Pastiches et Mélanges*, 1919, *L'Affaire Lemoine dans les Mémoires de Saint-Simon*, p. 79).

avec frénésie de parcourir tous les méandres et de posséder tous les secrets. Plus tard, bien plus tard, dans la retraite de ses années de perpétuelle souffrance physique et de travail acharné, son art interprétera les trésors accumulés par son insatiable expérience et rendra au monde, avec munificence, bien plus qu'il n'a jamais reçu du monde. Mais, pour l'instant, il lui suffit de choisir le climat où il lui plait de vivre, par raffinement de goût et intense curiosité ; il inaugure ainsi, en jeune amateur très fêté, son stage de contemplateur poétique de la société. Marcel Proust aime encore le monde pour lui-même, il commence seulement à remplir son destin...

On ne me croirait pas si j'allais jusqu'à prétendre que cette évolution passa inaperçue au lycée, mais elle y fut accueillie par nos rires plutôt que par notre réprobation. Notre absurde opinion sur Marcel Proust s'en trouvait confirmée : il ne serait jamais qu'un « snob », il allait gâcher son talent et dilapider son intelligence ; c'était désolant, mais qu'y pouvions-nous ? Rien, sauf de le « blaguer », ce dont nous ne nous privions guère. C'est ainsi que les cénacles (et nous composions, au lycée, une sorte de cénacle lilliputien) ont toujours frémi devant le péril mondain, qu'on pourrait appeler le péril rose, jusqu'au jour où les membres vieillis du cénacle se laissent à leur tour tenter. Admirons ici la clairvoyante franchise d'un très spirituel philosophe, M. Julien Benda, qui me disait il y a une vingtaine d'années, avant le grand succès de ses livres : « J'ai découvert pourquoi je ne vais pas dans le monde, c'est parce qu'on ne m'invite pas... ». Depuis on l'a invité, il n'a pas opposé une folle résistance. Mais le cas de Marcel Proust est tout différent, c'est peut-être un cas unique : il n'est pas allé de la littérature au monde, comme la plupart des écrivains de son temps, et, bien au contraire, jamais nous n'aurions pu lire *Un amour de Swann,* ni

Le côté de Guermantes si, trente années auparavant, il avait hésité à vivre en mondain excessif et prématuré.

*
* *

Ma correspondance avec Marcel Proust, c'est tout naturel, s'interrompt ici pour plusieurs années et, si l'on se proposait de recueillir ses lettres de cette période, j'imagine que la moisson serait plus somptueuse dans les tiroirs de Mme Straus ou de Mme de Chevigné. Mais je retrouve encore quelques feuillets de son écriture, sur lesquels j'avais inscrit la date de novembre 1888. Ce sont des esquisses destinées à la petite revue littéraire que nous nous amusions alors à rédiger au lycée. Elle se nommait la *Revue Lilas,* parce qu'elle paraissait sous la couverture mauve pâle des minces cahiers de deux ou trois sous que nous avions choisis pour elle chez le papetier du passage du Havre.

Voici ces *reliquiæ* de Marcel Proust :

Pour la Revue Lilas
Sous réserve de destruction ultérieure

A mon cher ami Jacques Bizet,

Quinze ans. 7 heures du soir. Octobre.

« Le ciel est d'un violet sombre marqué de taches luisantes. Toutes les choses sont noires. Voici les lampes, l'horreur des choses usuelles.

« Elles m'oppressent. La nuit qui tombe comme un couvercle noir ferme l'espoir grand ouvert au jour d'y échapper. Voici l'horreur des choses usuelles, et l'insomnie des premières heures du soir, pendant qu'au-dessus de moi on joue des valses et que j'entends le bruit crispant des vaisselles remuées dans une pièce voisine… »

Dix-sept ans. 11 heures du soir. Octobre.

« La lampe illumine faiblement les recoins sombres de ma chambre et met un grand rond de lumière vive, où entrent ma main, tout d'un coup ambrée, mon livre, mon bureau. Aux murs bleuissent de minces filets de lune entrés par l'imperceptible écartement des tentures rouges. Tout le monde est couché dans le grand appartement silencieux.... — J'entr'-ouvre la fenêtre pour revoir une dernière fois la douce face fauve, bien ronde, de la lune amie. J'entends comme l'haleine très fraîche, froide, de toutes les choses qui dorment — l'arbre d'où suinte de la lumière bleue — de la belle lumière bleue transfigurant au loin par une échappée de rues, comme un paysage polaire électriquement illuminé, les pavés bleus et pâles. Par-dessus s'étendent les infinis champs bleus où fleurissent de frêles étoiles...

— J'ai refermé la fenêtre. Je suis couché. Ma lampe posée près de mon lit sur une tablette, au milieu de verres, de flacons, de boissons fraîches, de petits livres précieusement reliés, de lettres d'amitié ou d'amour, éclaire vaguement dans le fond ma bibliothèque. L'heure divine ! Les choses usuelles, comme la nature, je les ai sacrées, ne pouvant les vaincre. Je les ai vêtues de mon âme et d'images intimes ou splendides. Je vis dans un sanctuaire, au milieu d'un spectacle. Je suis le centre des choses et chacune me procure des sensations et des sentiments magnifiques ou mélancoliques, dont je jouis. J'ai devant les yeux des visions splendides. Il fait doux dans ce lit... Je m'endors. »

« Vu Jules Lemaître pour la première fois. Jolie tête de jeune taureau, face de faune songeur avec deux yeux d'un bleu bien pur, bleus comme un reflet de pervenche dans une source claire. Ne comprends pas son indifférence à l'égard de l'acte délicieux de Darzens[1] et surtout qu'il ne parle pas de Mévisto, merveilleux Christ qui a produit à tous une impression extraordinaire. Presque égal au divin Mounet, il est au-dessus de toute comparaison avec n'importe quel autre tragédien. Pourquoi l'Odéon ne l'engage-t-il pas, au lieu de permettre à l'exécrable X... de continuer à déshonorer les vers admirables d'Athalie ? (Mlle Weber est admirable en Zacharie, Tessandier très faible. Si j'ai le temps, je vous en reparlerai un peu la prochaine fois, de cette étonnante Weber.) Excessivement remarquable, Alice Lavigne, dans les *Joyeusetés de l'Année*. Dans la Scène de la Danse, avec un sens merveilleux de l'eurythmie ; très fine la charge vraiment éminente d'un entrechat imperturbablement continué et comme automa-

1. *L'Amante du Christ*, scène évangélique par Rodolphe Darzens. Spectacle du Théâtre-Libre. Jules Lemaître venait d'en parler dans son feuilleton du 29 octobre 1888.

tique pendant la conversation des deux danseuses. Du contraste, dirait tel maître[1], jaillit un comique imprévu, et des fusées de rire traversent la salle. L'imitation de Paulus est d'une vérité extraordinaire et grâce au corps plus fluet, à la peau plus fine, à la voix plus fraîche de l'actrice, d'un charme extrême. Mlle Y... médiocre en *Mignon*. Pourquoi ajoute-t-elle tant de « roulades » ? Au moment de « l'Air de Ballet », on se croirait vraiment à la foire de Neuilly, comme me le fait remarquer une femme exquise. Noter dans *Cendrillon* les gestes de Thérésa pendant le chœur de la Victoire. C'est bien supérieur à Paulus. Bien faibles les *Pieds de Mouton*. Pour prendre une expression « que je vous cueille sur les lèvres mêmes de Mme Théo[2] », on se tord à *Mimi*. »

1. Francisque Sarcey qui, lorsqu'une pièce l'avait amusé, écrivait invariablement dans son feuilleton du *Temps* : « des fusées de rire ont traversé la salle ».

2. « Que je vous cueille sur les lèvres mêmes... », encore une réminiscence de Sarcey.

Le manuscrit de ces « notes de théâtre » est difficile à déchiffrer, à force de surcharges et de ratures. Ont-elles jamais paru, après remaniement, dans la *Revue Lilas* ? Je ne saurais le dire, car la collection de cette vénérable petite revue a péri. Mais cet essai de chronique dramatique n'est-il point curieux ? Par l'admiration de Racine et des grands interprètes de la tragédie classique (*Athalie* ou *Phèdre*, le « divin Mounet », c'est-à-dire Mounet-Sully, la Berma...), son auteur ressemble comme un frère à l'enfant de *Swann*, à qui « la vue de Maubant sortant un après-midi du Théâtre-Français avait causé le saisissement et les souffrances de l'amour » et qui « classait par ordre de talent les plus illustres étoiles (Sarah Bernhardt, la Berma, Bartet, Madeleine Brohan, Jeanne Samary) » ; mais un frère aîné, plus dégourdi, qui fréquente les petits théâtres et lit avec ravissement, chaque dimanche, les délicats feuilletons de ce Jules Lemaître qu'il vient d'avoir le bonheur de rencontrer « pour la première fois » (probablement chez Mme Straus). A n'en pas douter, il a lu son feuilleton du 6 août 1888, *A l'Alcazar d'été*, et celui du 10 septembre, *Au Cirque d'été* ; il les a trouvés si jolis qu'il s'en inspire et voudrait faire aussi bien... L'impressionnisme de Lemaître, si hardi, si nuancé, alors dans sa fleur, le séduit et l'entraîne. Pris d'émulation, cela le tente de commenter comme lui une danse parodique, une imitation de Paulus, une revue de fin d'année, les gestes de Thérésa, en s'ingéniant à suggérer qu'il s'en dégage autant d'art, plus d'art peut-être, que des nobles spectacles de l'Odéon ou de la Comédie. Avouons-le : ce que Marcel Proust se propose d'offrir ainsi aux lecteurs de la *Revue Lilas*, ce n'est au fond qu'un pastiche de Jules Lemaître. Tandis que l'accent qui est vraiment le sien, restera le sien, se prolongera musicalement à l'entrée des souvenirs de Combray, — ce ton incommunicable, où s'enferme le secret de son impressionnisme personnel, ne colore-t-il pas déjà le court poème en prose dédié à Jacques Bizet sur la tombée de la nuit et l'approche du sommeil ?

Dans quelques années, lorsqu'un jeune érudit de la Sorbonne préparera sa thèse de doctorat ès lettres sur l'œuvre de Marcel Proust, la lecture de ce fragment pourra le conduire à de surprenants rapprochements de textes, par comparaisons avec les cinquante premières pages de *Swann*, et il en tirera une intéressante contribution à l'étude du phénomène psychique de la mémoire des images. Me permettra-t-on un exemple ? A dix-sept ans, Marcel Proust écrit :

Tout le monde est couché dans le grand appartement silencieux. J'entr'ouvre la fenêtre pour revoir une dernière fois la douce face fauve, bien ronde, de la lune amie. J'entends comme l'haleine très fraîche, froide, de toutes les choses qui dorment, — l'arbre d'où suinte de la lumière bleue...

Et je relis dans *Swann* :

J'ouvris la fenêtre sans bruit et m'assis au pied de mon lit : je ne faisais presque aucun mouvement afin qu'on ne m'entendît pas d'en bas. Dehors, les choses semblaient, elles aussi, figées en une muette attention à ne pas troubler le clair de lune, qui doublant et reculant chaque chose par l'extension devant elle de son reflet, plus dense et plus concret qu'elle-même, avait à la fois aminci et agrandi le paysage comme un plan replié jusque-là, qu'on développe. Ce qui avait besoin de bouger, quelque feuillage de marronnier, bougeait, Mais son frissonnement minutieux, total, exécuté jusque dans ses moindres nuances et ses dernières délicatesses, etc.

Silence de la solitude nocturne, fenêtre ouverte, clair de lune, sommeil des choses, miroitement de l'arbre, toutes ces images à jamais associées et interprétées par Marcel Proust, à dix-sept ans, se raniment en lui toutes pareilles, dans le même ordre de succession, avec le même lien, avec une semblable nécessité, lorsqu'après un saut d'un quart de siècle il rêve à son passé d'enfant. On entend bien que l'auteur de *A la recherche du Temps perdu* ne travaillait point sur de vieilles notes ; ces feuillets de 1888, délabrés, presque indéchiffrables, c'est moi qui les avais gardés : brouillon préservé loin de lui de la destruction, ils ont survécu comme « témoin » de la permanence de ses impressions et même de la continuité de son art. Il n'est pas jusqu'au « bruit crispant des vaisselles remuées dans une pièce voisine », noté à quinze ans, dont je n'hésiterais guère à jurer qu'une patiente recherche devrait en retrouver dans *Swann* le rappel presque littéral ; ou si par hasard il ne s'y trouve pas, ce serait plus prodigieux encore, car c'est comme si nous l'entendions...

Cet essai d'exégèse proustienne pourrait se proposer un autre examen critique : après avoir isolé les simples images et sensations primitives, on étudierait la transformation des moyens d'expression de l'écrivain entre les deux époques extrêmes, l'approfondissement de sa manière, l'enrichissement de sa pensée et de ses ressources verbales : à l'esquisse de 1888 on comparerait et on préférerait la fresque de 1913 ; ou pour parler plutôt le langage de la musique qui paraît mieux approprié, on serait sans doute amené à dire qu'à la *Revue Lilas* Marcel Proust faisait des arpèges et que ces exercices anciens sont revenus d'eux-mêmes sous ses doigts lorsque, projetant à la fin de sa vie toute son âme dans une immense et délicieuse symphonie, il a entrepris de composer l'introduction de *A la recherche du Temps perdu*.

Mais que d'originales « idées musicales », que de détails heureux dès les exercices de sa dix-septième année! Relisons encore : « L'heure divine! Les choses usuelles, comme la nature, je les ai sacrées, ne pouvant les vaincre. Je les ai vêtues de mon âme et d'images intimes ou splendides. Je vis dans un sanctuaire, au milieu d'un spectacle. »

Ma rétrospective admiration m'abuse-t-elle, ou cela n'est-il pas très beau ?

ACHEVÉ D'IMPRIMER

LE 23 JANVIER 1926

POUR

SIMON KRA

PAR

L'ALLIANCE TYPOGRAPHIQUE

35, RUE MADAME A PARIS

SUR LES PRESSES

DE

PAILLART A ABBEVILLE.

www.ingramcontent.com/pod-product-compliance
Ingram Content Group UK Ltd.
Pitfield, Milton Keynes, MK11 3LW, UK
UKHW022133260726
13993UKWH00003B/1417